A table !

Sommaire

Le petit déjeuner

Certaines personnes mangent des céréales pour le petit déjeuner.

Que veux-tu manger pour le petit-déjeuner ?

Le déjeuner

Certaines personnes mangent des sandwichs pour le déjeuner.

Certaines personnes mangent de la salade pour le déjeuner.

Voici quelques suggestions pour le déjeuner.

Que veux-tu manger pour le déjeuner ?

Le dîner

Certaines personnes mangent des spaghettis pour le dîner.

Certaines personnes mangent du poulet et des légumes pour le dîner.

Voici quelques
suggestions pour le dîner.

Que veux-tu manger pour le dîner?

Nous avons mangé:

	Jacques a mangé...	Rose a mangé
pour le petit déjeuner		
pour le déjeuner		
pour le dîner